MARIO GALGANO

FRANZISKUS

Der Papst
vom anderen
Ende der Welt.

Ein Portrait

MARIO GALGANO

FRANZISKUS

Der Papst
vom anderen
Ende der Welt.

Ein Portrait

Bibliographische Information der Deutschen Bibliothek

Die Deutsche Bibliothek verzeichnet diese Publikation in der
Deutschen Nationalbibliographie; detaillierte bibliographische Daten
sind im Internet über http://dnb.ddb.de abrufbar.

© 2013 by Sankt Ulrich Verlag GmbH, Augsburg
Alle Rechte vorbehalten
Titelbild: KNA
Bilder: KNA außer S. 15 unten u. S. 28 © Jessica Krämer, S. 24 © Facebook/Twitter
Umschlaggestaltung: Mediengruppe Sankt Ulrich Verlag, Augsburg
Druck und Bindung: CPI BOOKS – Ebner & Spiegel, Ulm
Printed in Germany
ISBN 978-3-86744-245-9
www.sankt-ulrich-verlag.de

INHALT

VORWORT

Gespannt schaue ich auf den TV-Monitor und warte auf das Rauchzeichen aus dem Schornstein über der Sixtinischen Kapelle. In der Radio-Redaktion im Vatikan haben wir abgemacht, dass ich zusammen mit einer Kollegin die Papstwahl live und auf Deutsch kommentieren werde, falls der weiße Rauch am Nachmittag bzw. am Abend heraufsteigt. Und siehe da, der Rauch am Abend des 13. März 2013 ist weiß. Schnell rennen wir zum Studio, um die Live-Übertragung zu beginnen. Wer wird es wohl sein? Bevor das Mikrophon eingeschaltet wird, frage ich unseren Techniker – einen Italiener –, wer der Nachfolger des aus Deutschland stammenden Benedikt XVI. sein wird. *„Il gesuita Bergoglio",* sagt er mir, ohne zweimal zu überlegen. Während die Glocken von St. Peter läuten, überlege ich mir, wer bald auf der Mittelloggia – dem Balkon beim Petersdom – erscheinen könnte. Wohl kaum der 76-jährige Bergoglio, denke ich mir. Der Techniker hat doch keine Zeitungen gelesen. In den Tagen der Sedisvakanz und des Konklaves wurden die Namen von Favoriten genannt: der Erzbischof von Mailand, ein brasilianischer Kardinal, der aber auch im Vatikan ein wichtiges Amt innehat, oder ein kanadischer Kurienkardinal sollten das Rennen machen. Das waren die *„Papabili".* Unter ihnen fehlte Kardinal Jorge Mario Bergoglio. Seinen Namen kannte ich vom Konklave 2005. Medien berichteten damals, er sei der Gegenkandidat von Kardinal Ratzinger gewesen. Später lernte ich ihn durch die Erklärungen der argentinischen Bischofskonferenz zu politischen Entscheidungen kennen. Mehr nicht. Kurz: Als der Name Kardinal Bergoglios auf der Mittelloggia ausgesprochen wurde, war ich überrascht. Und wohl nicht nur ich.

Mario Galgano, Rom, 17. März 2013

WEISSER RAUCH

Ein regnerischer Mittwochabend in Rom. Auf dem Petersplatz versammeln sich Tausende von Menschen und warten auf ein Rauchzeichen vom Schornstein über der Sixtinischen Kapelle. Punkt 19.06 Uhr folgt das langersehnte Zeichen. Es ist weißer Rauch. *Habemus Papam* – wir haben einen neuen Papst. Die Menschenmenge auf dem Petersplatz jubelt. Wer auf den Platz vor St. Peter blickt, sieht immer mehr bunte Schirme. Immer mehr Römer und Touristen strömen auf den Platz herbei. Die Glocken von St. Peter beginnen zu läuten, damit ist die erfolgreiche Papstwahl bestätigt. Noch niemand auf dem Platz ahnt, wer bald auf dem Balkon der Mittelloggia des größten Kirchgebäudes der Welt erscheinen wird. Zuerst kommen die Schweizergardisten in ihren feierlichen und vor allem bunten Uniformen. Es folgen die Musikbande der vatikanischen Gendarmerie sowie Vertreter der italienischen Armee. Zu Ehren der Stadt Rom spielen sie die vatikanische und die italienische Hymnen.

ITALIENISCHE AUSWANDERER

Mario und Regina Bergoglio sind zwei Italiener. In ihrer Heimat Piemont können sie als Paar keine sichere Zukunft aufbauen. Sie fahren nach Übersee und suchen ihr Glück in Südamerika. Mario wird in Argentinien Eisenbahnarbeiter. Das Paar bekommt in Buenos Aires, ihrer neuen Heimat, am 17. Dezember 1936 einen Sohn. Er ist der Erstgeborene, drei Schwestern und ein Bruder folgen. Die Eltern taufen ihren ersten Sohn auf den Namen Jorge Mario. Er trägt zwar einen spanischen Vornamen, doch sein Zweitname erinnert an seine Wurzeln. So wird er zu Hause auch Italienisch sprechen. Die siebenköpfige Familie lebt in der Straße Membrillar im kleinbürgerlichen Stadtteil Flores. Auch wenn Jorge Mario 76 Jahre später zurück in die europäische Heimat kehren und dort als Bischof von Rom wirken wird, bleibt er seinem Geburtsort Buenos Aires eng verbunden. Die südamerikanische Metropole wird ihm die schönen, aber auch die schweren Seiten des Lebens zeigen. Jorge Mario Bergoglio besitzt neben der argentinischen auch die italienische Staatsbürgerschaft. Buenos Aires bleibt für immer seine *„esposa"* – seine „Gattin", wie er die argentinische Hauptstadt nennt.

Seite 11: Padre Bergoglio im Kreis seiner Familie

Seite 12: Das Hochzeitsfoto der Eltern
Seite 13: Jorge Mario Bergoglio (links) bei seiner Erstkommunion

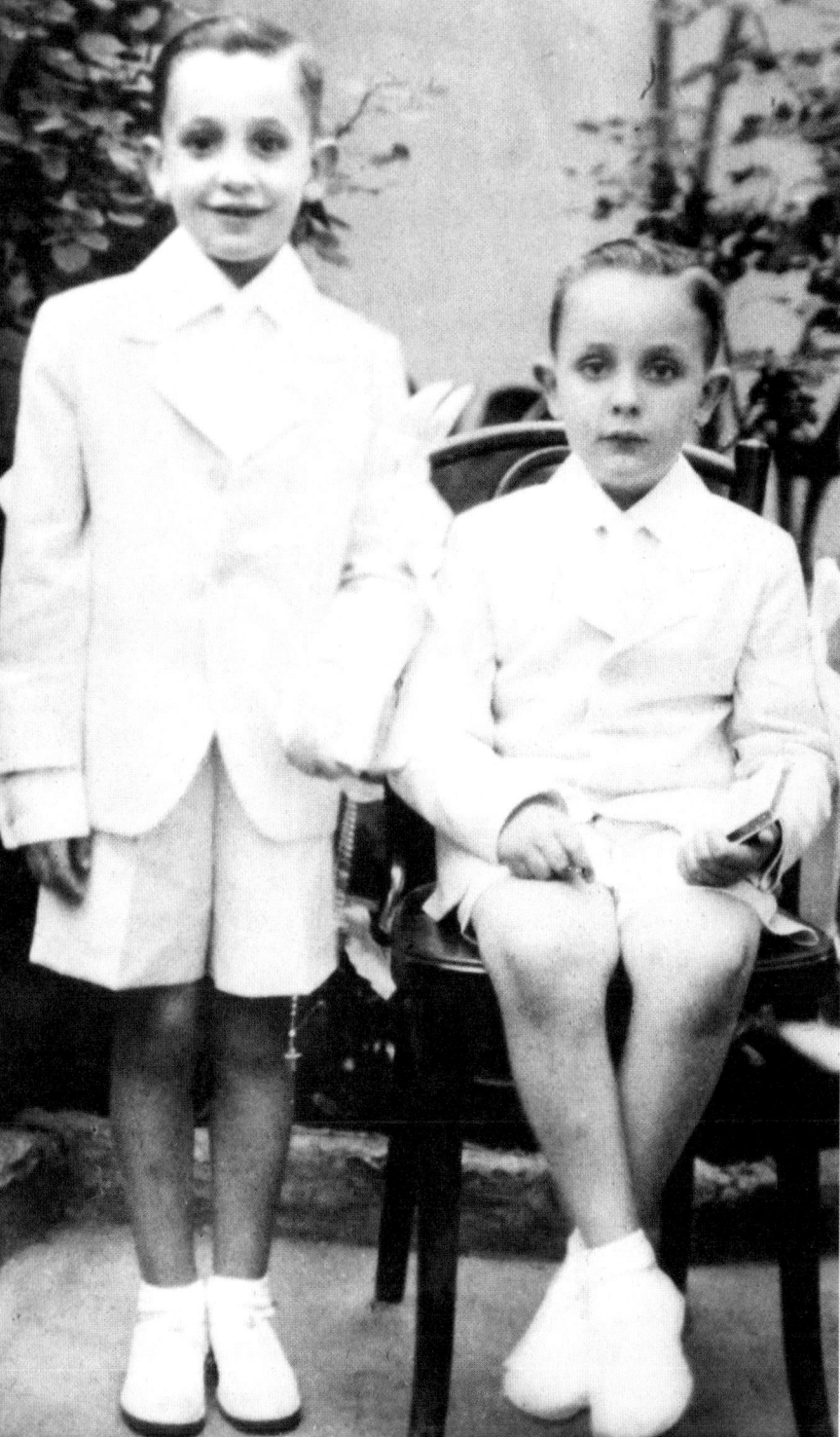

PAPST FRANZISKUS

Der Kardinalprotodiakon, der Franzose Jean-Louis Tauran, erscheint nun auf dem Balkon bei der St. Petersbasilika. Durch eine schwere Krankheit gekennzeichnet, verkündet er dennoch energisch auf Latein: *„Annuntio vobis gaudium magnum; habemus Papam: Eminentissimum ac Reverendissimum Dominum, Dominum Georgium Marium Sanctae Romanae Ecclesiae Cardinalem Bergoglio qui sibi nomen imposuit Franciscum."* Der neue Papst heißt schlicht Franziskus, ohne eine Nummer. Seit 1272 Jahren gibt es wieder einen nichteuropäischen Papst. Dass der 76-jährige Argentinier gewählt worden ist, ist eine große Überraschung. Für viele ist es an sich nicht erstaunlich, dass nach Johannes Paul II. und Benedikt XVI. abermals ein Nicht-Italiener, ja sogar ein Südamerikaner auf den Stuhl Petri folgt. Schon vor und während des Konklaves gab es *„Papabili"* – also Favoriten – aus Übersee. Doch zu diesen gehörte der argentinische Kardinal Bergoglio nicht. Deshalb ist es für alle eine Überraschung, als Kardinal Tauran den Erzbischof von Buenos Aires als Nachfolger Benedikts der Weltöffentlichkeit vorstellt.

PREMIEREN

Papst Franziskus ist der erste auf dem Stuhl Petri, der sich nach dem beliebten Heiligen Franz von Assisi (1182–1226) benennt, aber auch der erste Jesuit als Papst; er ist der erste, der die Menschenmenge auf dem Petersplatz bei dem ersten Auftritt als Papst darum bittet, für ihn zu beten, der erste, der „als Bischof und Vater" sein Volk segnet, der erste, der beim ersten Auftritt als Papst seinem Vorgänger mit einem Gebet dankt.

Er ist wohl auch der erste Papst, der eine Vorliebe für
Tango hegt. In den Jahren 2007 bis 2010 interviewte
die italienische Journalistin Francesca Ambrogetti den
heutigen Papst Franziskus und verfasste auf dieser Basis
die Biographie *Der Jesuit.* Jorge Mario Bergoglio verriet
der Journalistin, dass er in seiner Jugendzeit gerne mit
Freunden ausging und ab und zu den typischen Tanz
von Buenos Aires ausübte.

DER BRASILIANISCHE FREUND

Beim Konklave sitzen sie nebeneinander: Kardinal Jorge Mario Bergoglio und der brasilianische Kollege Claudio Hummes, der ehemalige Erzbischof von Sao Paolo. Nach den ersten Wahlgängen wird klar: Bergoglio gewinnt immer mehr Zustimmung. Beim fünften Wahlgang ist es dann soweit. „Bitte vergiss nicht die Armen", sagt Kardinal Hummes zu seinem Freund, dem neuen Papst. Zwischen den Wahlgängen geht Bergoglio vieles durch den Kopf, auch ein möglicher Papstname. Vielleicht sollte er Hadrian heißen, so wie der Reform-Papst Hadrian VI., oder vielleicht doch Clemens? Clemens XIV. hatte 1773 den Jesuitenorden aufgehoben, nun konnte ein Jesuit auf dem Stuhl Petri sozusagen einen „Gegenschlag" ausüben. Bergoglio denkt an die vielen Krisen und Kriege auf der Welt. Der heilige Franziskus war ein Gottesmann für die Armen, für die Natur und die gesamte Schöpfung, aber auch für den Dialog. Bergoglio will in diesem Sinne als Papst wirken, für eine Kirche der Armut, die aber reich an Tradition und Hoffnung ist.

SEIN ERSTER AUFTRITT

In einem schlichten weißen Ornat tritt er auf die Mittelloggia des Petersdoms. Seine Augen leuchten, er hat vorhin geweint. Ein bisschen erinnert sein erster Auftritt nach der Wahl zum 266. Papst an den Vorgänger Johannes XXIII. (1958–1963). Volksnah, bescheiden und voller Demut präsentiert sich Franziskus am Mittwochabend auf der Mittelloggia. Das Volk soll für seinen Bischof beten, sagt er der Menge auf dem Peters-

platz. Dazu verneigt er sich tief. Das tat er auch, als er
viele Jahre vorher zum Bischof geweiht wurde. Der neue
Papst Franziskus folgt nicht dem starren Ritus – er redet
persönlich und mit klaren Gesten. Franziskus wirkt
spontan und glaubwürdig. Seine Brille sitzt schief, die
Brillenbügel scheinen zu kurz für ihn zu sein. Auffällig
ist sein dunkles Kreuz, das er um den Hals trägt. Es ist
das Kreuz, das er bereits als Bischof getragen hat.

DIE ERSTE ZÄSUR

Jorge Mario ist 21 Jahre jung. Eines Tages fühlt er sich unwohl. Die Schmerzen werden immer schlimmer, die Krankheit immer prekärer. Mehrere Tage macht er Todesängste durch. Seine ratlose Mutter fragt er: „Was passiert mit mir?" Die Antwort folgt bald: Ärzte diagnostizieren eine schwere Lungenentzündung. Die Erkrankung ist derart gravierend, dass ihm der rechte Lungenflügel wegoperiert werden muss. Der schlanke Zwanzigjährige hatte zuvor ein Diplom als Chemietechniker abgeschlossen. Jugendfreunde erzählen, dass er schon während der Schulzeit beschlossen hatte, Priester zu werden. Ausgerechnet im Jahr 1958, als er in den Jesuitenkonvent im Viertel Villa Devoto einzieht, fängt er sich die fürchterliche Lungenentzündung ein. Es ist eine spannungsreiche Zeit. Nicht nur für ihn, auch in ganz Südamerika muss der vom Spanier Ignatius von Loyola gegründete Orden mit großen Herausforderungen rechnen. Politik und Glaube werden gemischt: Der junge Padre Jorge Mario Bergoglio bleibt jedoch auf Distanz zu den damals populären Befreiungstheologen, politische Aktionen meidet er. Dass sich Bergoglio als Priester, als Theologieprofessor und als Erzbischof für die Armen einsetzt, hat mit seinem theologischen Verständnis zu tun. Es handelt sich aber nicht um eine „Anhängerschaft" an die von Bergoglio durchaus skeptisch betrachtete Befreiungstheologie, die Elemente aus einer religionsfremden Ideologie – dem Marxismus – in ihre Theologie aufnimmt. Nein, Bergoglios Theologie hat ihr Fundament in der von den lokalen Theologen Lucio Gera und Rafael Tello entwickelten *Teología del Pueblo* (Theologie des Volkes), die oft aber mit der Befreiungstheologie vermischt wird. Diese Theologie des Volkes

will einfach die Armen in ihrem Alltag begleiten und
versucht nicht, die produzierenden Machtstrukturen zu
verändern, die zu Armut führen. Denn Gott zeige sich
nicht in abstrakten Ideen, sondern im konkreten Leben,
sagt Erzbischof Bergoglio. Insbesondere Lucio Gera als
seinem Lehrer weiß er sich verbunden: Nach dessen Tod
2012 lässt er ihn in der Kathedrale von Buenos Aires
bestatten.

DIE ERSTE ANSPRACHE

Nun steht er da, auf dem Balkon auf der Mittelloggia. Es ist der 13. März 2013, 20.10 Uhr. Papst Franziskus schreitet langsam voran. Er schaut gerührt auf die Menge, die ihm zujubelt. „Brüder und Schwestern, guten Abend. Ihr wisst, dass das Konklave die Pflicht hatte, Rom einen Bischof zu geben. Es scheint so, als ob meine Kardinalsbrüder fast bis zum Ende der Welt gehen mussten, aber wir sind nun hier." Während der kurzen

Rede spricht er zwar vom Bischof von Rom, benützt aber nie den Begriff „Papst". „Und nun möchte ich den Segen erteilen, doch zuerst bitte ich euch um einen Gefallen." Die Menschen sollen für ihn beten. Er selber bete für den emeritierten Papst Benedikt XVI. „Beten wir alle gemeinsam für ihn, damit der Herr ihn segne und die Muttergottes ihn behüte." „Und nun beginnen wir diesen Weg, Bischof und Volk, dieser Weg der Kirche Roms, die jene ist, die in der Barmherzigkeit allen Kirchen vorsteht, ein Weg der Brüderlichkeit, der Liebe, des Vertrauens zwischen uns, beten wir immer für uns, für uns gegenseitig." Das Stichwort „Barmherzigkeit" wird wohl sein Pontifikat kennzeichnen: Beim ersten Angelus nach seiner Wahl sagt er: „Ein bisschen Barmherzigkeit verändert die Welt, macht sie weniger kühl und gerechter. Gott wird es nie müde, uns zu verzeihen. Das Problem ist, dass wir es müde werden, um Vergebung zu bitten."

Seite 24: Auch Kardinäle besitzen Handys mit Fotofunktion

„COMO LA GENTE"

Kardinal Bergoglio macht sich auf den Weg zum Konklave. Am 11. Februar 2013 gab Papst Benedikt XVI. bekannt, dass er sein Papstamt niederlege. Ab dem 28. Februar beginnen die Sedisvakanz und die Vorbereitungen auf das Konklave. Der argentinische Kardinal ist schon in der Maschine der Aerolineas Argentinas Richtung Rom. Das aus der Ewigen Stadt geschickte First-Class-Ticket verschmäht er. Deshalb sitzt er nun in der Touristenklasse. Wenn er herumreist, dann soll es so sein *„como la gente"*, wie alle Menschen das tun. Das macht er auch als Erzbischof von Buenos Aires. Anstatt eines Privatchauffeurs benützt er die öffentlichen Verkehrsmittel. Für den Transport zum Flughafen macht er eine Ausnahme, Freunde bringen ihn zum Airport Ezeiza, mit dabei ist nur ein kleiner Koffer. Bekannte, die von der Reise nach Rom wussten, schenkten ihm vor Antritt der Reise neue Schuhe, weil die alten schon abgeschabt waren. Kardinal Bergoglio akzeptiert sie, obwohl das Annehmen von Geschenken ihm immer eine Qual ist.

FRANZISKUS VS. FRANZ

Der heilige Franz von Assisi hat zur Erneuerung der Kirche beigetragen, indem er in Armut und Bescheidenheit gelebt und den Glauben froh und lebendig verkündet hat. In diesem Sinne habe nun Jorge Mario Bergoglio mit dem Namen Franziskus die Gläubigen aufgerufen, „als lebendiger Christus" auf die Straße zu gehen und so die Kirche umzuwandeln in eine „Kirche der offenen Türen", sagt der Freiburger Erzbischof Robert Zollitsch, der Vorsitzende der Deutschen Bischofskonferenz, wenige Tage nach Bergoglios Wahl. Doch eine Frage bleibt im deutschen Sprachraum offen: Darf man den Papst auch Franz statt Franziskus nennen? In Frankreich beispielsweise heißt der neue Papst *François,* und es gibt keine Diskussion darüber, ihn eventuell lateinisch *Franciscus* zu nennen. Gleiches gilt für die anderen Sprachen, in denen es eine landesübliche Entsprechung gibt. Auf der Homepage des Vatikans sowie in allen Mitteilungen der deutschsprachigen Bischofskonferenzen und kirchlichen Einrichtungen wird er einheitlich Franziskus und nicht Franz genannt. Der Name Franziskus oder Franz ist erst mit diesem großen Heiligen aus Umbrien entstanden. Wegen des von Frankreich begeisterten Vaters oder vielleicht sogar weil seine Mutter Französin war, wurde er Fränzlein – also kleiner Franzose – genannt. Durch seine leuchtende Gestalt und durch seinen Orden, der sich schon zu seinen Lebzeiten bis ins heutige Deutschland ausbreitete, wurde der Name in alle Welt getragen und fand Eingang in die verschiedenen Sprachen.

DIE VERLOBTE

Jose Mario Bergoglio überrascht immer wieder. Das liegt wohl daran, dass er ein breites Wissen und vor allem Können vorweisen kann. Von seiner Mutter erlernt er die Kunst des Kochens. Als Erzbischof kocht er sich das Mittagessen selber. Und Bergoglio hatte eine Verlobte, bevor er zur religiösen Berufung fand. Sie heißt Amalia. Dem argentinischen Fernseh-Sender C5N erzählt die nun weißhaarige Dame: „Wir waren fast noch Kinder, gerade zwölf Jahre alt. Jorge Mario schickte mir damals einen Liebesbrief. Er zeichnete ein weißes Haus mit rotem Dach. Dort würden wir leben, schrieb er. Und: ‚Wenn wir nicht heiraten können, dann werde ich Priester‘." Amalia antwortete verschämt. Der Vater bekam Wind von der Liebelei, schimpfte mit Tochter und Verehrer. Die Mutter zerriss den Liebesbrief. Jorges kindlicher Traum von Heirat und Familie war geplatzt. Und wie hält es Kardinal Bergoglio mit der Zölibats-Frage bei Priestern? Da wich er nie von der traditionellen, katholischen Linie ab.

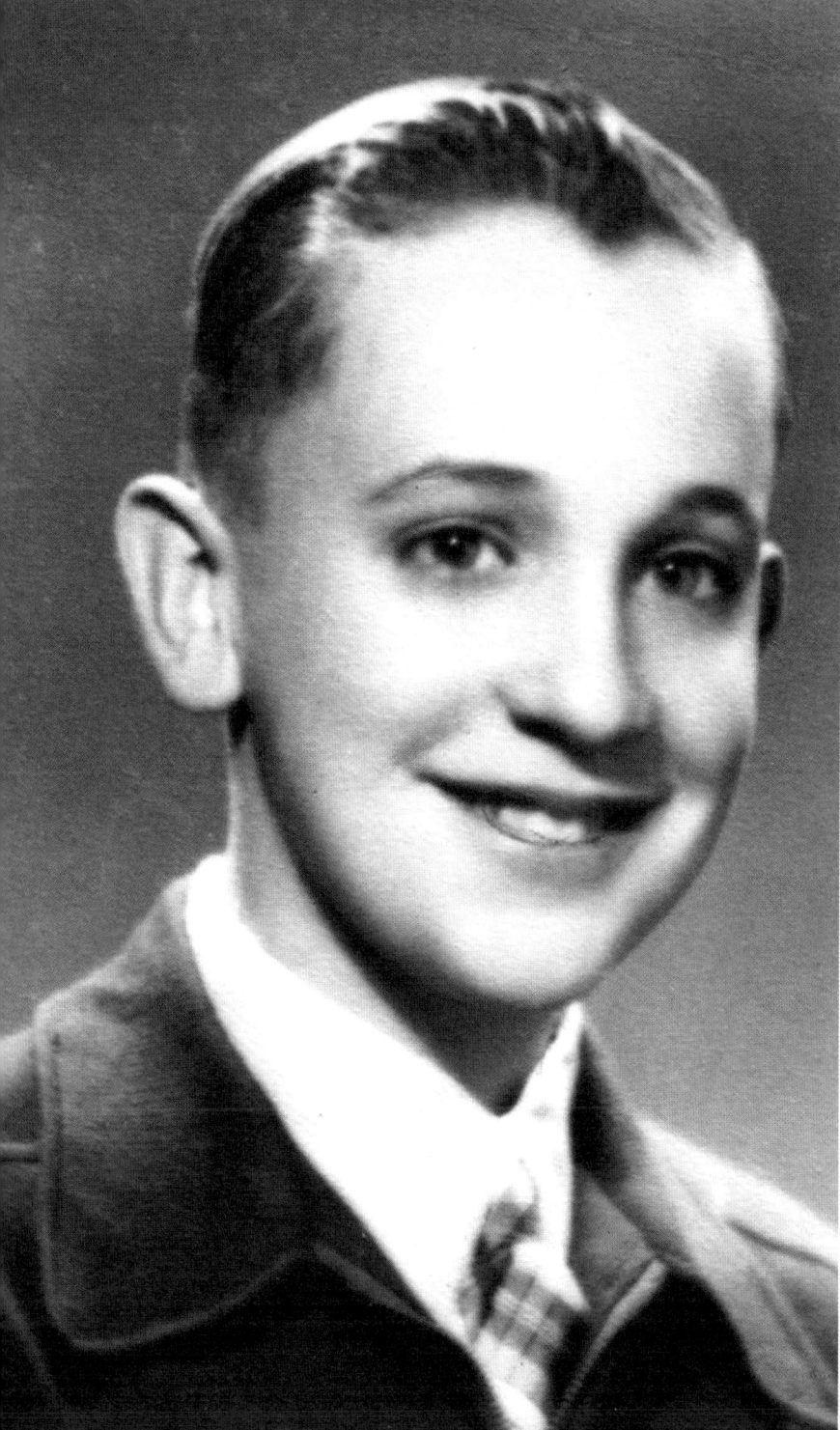

NAMENSWAHL AUS JESUITEN-SICHT

Es ist erstaunlich, dass der erste Jesuit auf dem Stuhl Petri auf Franz von Assisi verweist. Der Heilige aus Mittelitalien lebte als reicher Tuchhändlersohn nach seiner Berufung in Armut – und das passt gut zum sozialen Engagement des „Kardinals der Armen", wie Bergoglio bis vor dem Konklave 2013 bezeichnet wurde. Doch es treffen zwei Welten aufeinander: Lange Zeit wurden die Jesuiten wegen ihrer strengen und effizienten Struktur als „Soldaten Christi" bezeichnet. Sie waren für die Bildung der Eliten zuständig, immer noch gelten Jesuiten als geschärft im dialektischen Denken. Kurz gesagt: Jesuiten sind die intellektuelle Speerspitze der katholischen Kirche. Bekannt ist auch – und das gilt insbesondere für den Jesuiten Bergoglio –, dass sie kein eigenes Ordensgewand haben, während die Franziskaner eine braune Kutte tragen; ursprünglich waren diese Bettelmönche und eben nicht „Soldaten Christi". Mit der Namenswahl schlägt Jorge Mario Bergoglio einen Brückenschlag zwischen dem Intellekt der Jesuiten und der missionarisch-karitativen Spiritualität der Franziskaner. Papst Franziskus hat aber bei seiner Namenswahl dennoch einen Bezug zu den Jesuiten hergestellt: Der heilige Jesuit Franz Xaver (1506–1552) war der Wegbereiter der christlichen Mission in Asien.

DIE ZWEITE ZÄSUR

Dem Tod entronnen, gibt sich der junge Bergoglio Mühe, seine Berufung zu erfüllen. Deshalb studiert er in den 1960er Jahren Geisteswissenschaften in Chile, unterrichtet Literatur und Psychologie an katholischen Schulen im argentinischen Santa Fé und in seiner Heimatstadt Buenos Aires. Mit 33 wird er zum Priester geweiht, mit 37 tritt er seine sechsjährige Amtszeit als Provinzial der Jesuiten an. Dem Spätstart folgt also die Blitzkarriere. In dieser Zeit, nach Beginn der Militärdiktatur, legt sich ein Schatten auf das Wirken des Jesuitenpaters, mit dem er sich auch zu Beginn seines Pontifikats auseinandersetzen muss. Das Thema spielt bei dem Vorkonklave und am Rande des Konklaves offenbar eine Rolle. Kardinäle aus Südamerika, die Bergoglio gut kennen, verteidigen ihn. Die Vorwürfe: Padre Bergoglio habe zu Zeiten der argentinischen Militärdiktatur von 1976 bis 1983 unter anderem eine zentrale Rolle beim Verschwinden der beiden Patres

Orlando Yorio und Franz Jalics gespielt. Nach ihrer Festnahme im Mai 1976 in einem Armenviertel von Buenos Aires wurden sie gefoltert und kamen erst fünf Monate später wieder frei. Padre Bergoglio schloss die beiden Jesuiten aus dem Orden aus – nach eigenen Angaben, um die politische Neutralität des Ordens zu gewährleisten. Einer der beiden Jesuiten, der während der Militärdiktatur in Argentinien vom heutigen Papst Franziskus angeblich fallengelassen wurde, hat sich in der Zwischenzeit mit Jorge Mario Bergoglio versöhnt. Der andere ist mittlerweile verstorben. Franz Jalics, der seit 1978 in Deutschland lebt, hat zwei Tage nach der Papstwahl Franziskus' auf der Homepage der deutschen Jesuiten eine diesbezügliche Erklärung abgegeben. Jalics habe mit Bergoglio während dessen Zeit als Erzbischof über die Situation während der Militärdiktatur gesprochen, er sei mit den Geschehnissen versöhnt und betrachte sie als „abgeschlossen", führt er aus.

GEHEN, AUFBAUEN
UND BEKENNEN

Er ist noch keine vierundzwanzig Stunden Papst, da
zeigt er schon mal, in welche Richtung er sein Amt führen will. Das neue Oberhaupt der katholischen Kirche
holt seine Habseligkeiten im kirchlichen Gästehaus, in
dem er vor dem Konklave gewohnt hat, am Donnerstag-
morgen nach der Papstwahl eigenhändig ab. Er bezahlt
sogar sein Zimmer aus der eigenen Tasche. Und wie er
auf dem Balkon von der Mittelloggia am Mittwochabend in seiner ersten Ansprache ankündigte, ist seine
erste Amtshandlung der Besuch der römischen Basilika

Santa Maria Maggiore, wo er vor der Marienikone betet. Einige Stunden später feiert er als Papst dann in der Sixtinischen Kapelle seine erste große heilige Messe, die den Abschluss des Konklaves markiert. „Ich möchte, dass nach diesen Tagen der Gnade wir alle den Mut haben, wirklich den Mut, in der Gegenwart des Herrn zu gehen mit dem Kreuz des Herrn; die Kirche aufzubauen auf dem Blut des Herrn, das er am Kreuz vergossen hat; und den einzigen Ruhm zu bekennen: Christus den Gekreuzigten. Und so wird die Kirche voranschreiten."

DIE DRITTE ZÄSUR

Im Alter von 60 Jahren glaubt Bergoglio, seine Funktion im Dienste des Herrn erfüllt zu haben. In der Zwischenzeit lebt er in der argentinischen Provinzstadt Córdoba, um dort als Dozent zu wirken. Doch in Rom hat jemand andere Pläne für ihn: Am 20. Mai 1992 ernennt ihn Papst Johannes Paul II. zum Weihbischof in Buenos Aires und Titularbischof von Auca. Sechs Jahre später wird er sogar Erzbischof der argentinischen Hauptstadt,

obwohl Jesuiten normalerweise kein Bischofsamt annehmen. Die Bischofsweihe erhielt er am 27. Juni desselben
Jahres. Gleichzeitig war er Bischof für die in Argentini-
en lebenden Gläubigen des orientalischen Ritus. Papst
Johannes Paul II. nimmt ihn 2001 mit der Ernennung
zum Kardinalpriester in das Kardinalskollegium auf. Er
gehört unter anderem der Kongregation für den Gottesdienst und die Sakramentenordnung an.

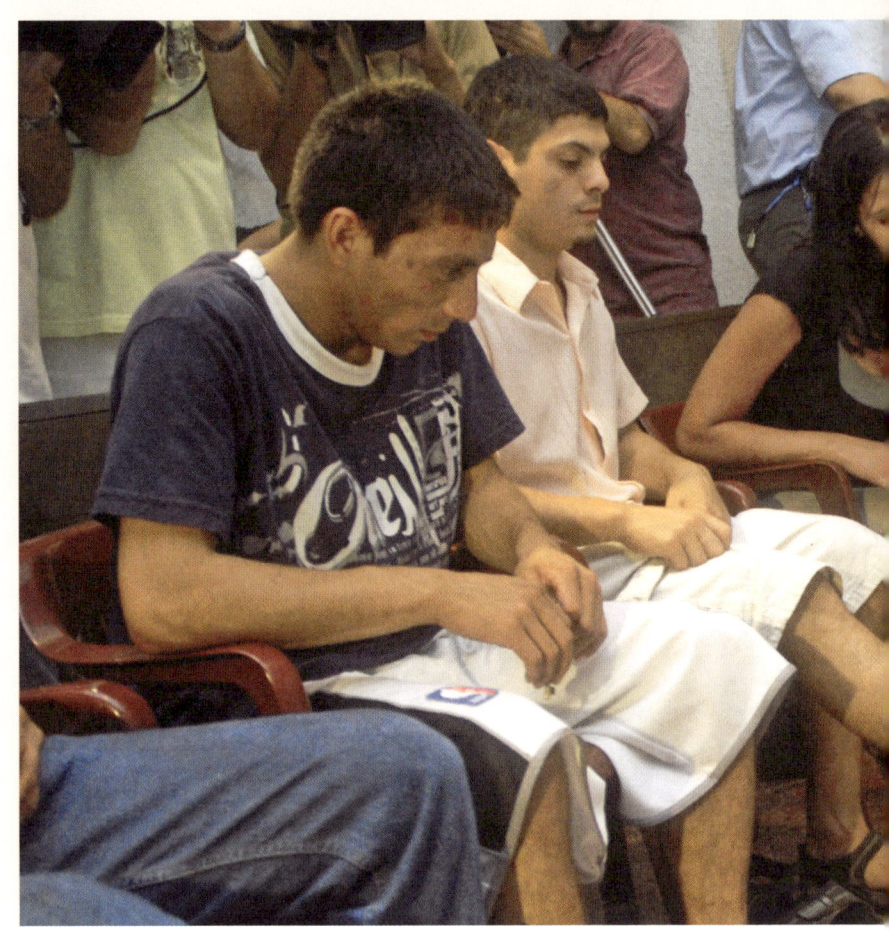

EINE KLARE LINIE

Buenos Aires erlebt in den 1990er Jahren eine tiefe ökonomische Krise. 2001 kommt es zum Staatsbankrott. Im Land mit der einst größten Mittelschicht südlich von Texas leben auf einmal 55 Prozent der Bevölkerung unter der Armutsgrenze. Als Kardinal versteht sich Bergoglio immer wieder als Anwalt der Armen und bringt dies mit seinem verhältnismäßig einfachen Lebensstil zum Ausdruck. Seine Residenz als Erzbischof tauscht er gegen eine einfache Wohnung aus. Er fährt im Bus zur

Arbeit und kocht für sich selber. Seine Besuche widmet er Priestern, die in einem der mehr als 1000 Elendsviertel seiner Diözese leben. Auch unterstützt er Organisationen, die gegen Arbeitssklaverei und Menschenhandel eintreten. Immer bleibt er sich treu, das gilt auch in Fragen der Sexualmoral. Mit dem Politiker-Ehepaar Kirchner – dem verstorbenen Präsidenten Néstor und dessen Nachfolgerin Cristina Fernández – stehen die Zeichen auf Sturm, weil sich Kardinal Bergoglio gegen die Anerkennung gleichgeschlechtlicher Paare (Homo-Ehe) und andere „fortschrittliche" Projekte stemmt.

„ARMDRÜCKEN" AUF
DER MITTELLOGGIA

Die italienischen Zeitungen werden es als „Arm-
drücken" bezeichnen: Der Päpstliche Zeremonienmeister Guido Marini sagt dem frisch gewählten Papst: „Sie
müssen, Heiliger Vater, für den Urbi-et-Orbi-Segen den
roten Umhang mit dem Hermelinbesatz umlegen und das
goldene Brustkreuz, schauen Sie, das haben wir schon

vorbereitet." Papst Franziskus will nicht. Er tritt ohne
Umhang auf die Loggia, im zwar päpstlich weißen, aber
protokollwidrig schmucklosen Talar. Und das goldene
Brustkreuz, das lässt er in der Schatulle. Seit er Bischof
sei, bescheidet er den enttäuschten Zeremonienmeister,
trage er eines aus Eisen. „Und das trage ich auch heute."

DER FUSSBALLFAN
VON SAN LORENZO

Für die Fußballfans des „Club Atlético San Lorenzo de Almagro" von Buenos Aires ist Franziskus nicht einfach der erste argentinische, lateinamerikanische oder jesuitische Papst, sondern der „Papst von San Lorenzo". In einer Botschaft des Vereins an den Pontifex in Rom, die zwei Tage nach seiner Wahl verschickt wurde, schreibt der Vorstand des Klubs, es mache sie

stolz, den Papst „als Mitglied unserer Leidenschaft, als Fan und Kompagnon unserer Einrichtung zu wissen und besondere Momente unserer Geschichte gemeinsam erlebt zu haben". Erinnert wird hier an die Messe zum Jubiläum des Klubs 2008 im Jugendzentrum der Salesianer Don Boscos „Oratorio San Antonio", in dem der Ordenspater Lorenzo Massa den Grundstein für die Gründung des Klubs im Jahr 1908 gelegt hatte. Im heutigen Vereinsstadion trägt eine Kapelle den Namen des Gründerpriesters; auch hier nimmt Padre Bergoglio als Priester pastorale Aufgaben wahr. Als Neunjähriger hatte er „kein Spiel versäumt", hat er einmal erwähnt.

SCHERZ

Unmittelbar nach der Wahl und seiner ersten Ansprache auf der Mittelloggia kehrt Papst Franziskus zusammen mit den Kardinälen in das vatikanische Gästehaus Santa Marta zurück, wo sie schon während des Konklaves übernachteten. Trotz seines Amtes verzichtet er aber auf die gepanzerte Luxusmaschine mit Privatchauffeur und fährt stattdessen mit den anderen Kardinälen im Kleinbus. Beim gemeinsamen Abendessen erheitert der frischgewählte Papst die beteiligten Kardinäle mit einem Scherz: „Möge Gott euch vergeben, was ihr getan habt."

DER AUFENTHALT IN DEUTSCHLAND

1985: Jorge Mario will seine Promotion im Ausland abschließen. Er beschließt, nach Deutschland zu reisen. Während in Europa der Sommer beginnt, will sich Padre Bergoglio eine Auszeit vom argentinischen Winter nehmen. Zielort ist die Philosophisch-Theologische Hochschule Sankt Georgen – heute noch spricht er Deutsch. Padre Bergoglio ist für einige Wochen zu Gast an der Bildungseinrichtung, um noch einmal tiefergehend wissenschaftlich zu arbeiten. Er will ein Buch über die Theologie Romano Guardinis schreiben. In Sankt Georgen gibt es dazu ein reichhaltiges Material. Wie er selbst hat der deutsche Theologe, der 1968 starb, italienische Wurzeln. Die Wochen in Sankt Georgen verstreichen, Padre Bergoglio sitzt stundenlang in der Bibliothek und wohnt in einem der kargen, einfachen Zimmer in der Kommunität. Doch dann kommt, früher als gedacht, eine neue Berufung seines Ordens. Und das angedachte Buch bleibt unvollendet.

BRÜDER, *FORZA!*

Auch beim ersten großen Empfang der Kardinäle zwei Tage nach seiner Wahl in der Sala Clementina trägt er konsequent weder Stola noch Mozzetta. In seiner Ansprache weicht er an einigen Stellen vom Redetext ab. *„Cari fratelli, forza!“*, „Liebe Brüder, los!“ – mit lebhaftem Blick und ausladenden Gesten ruft er die Kardinäle zu neuer Verve bei der Verkündigung des Christentums auf. Dazu gilt es, vorhandenes Potenzial neu zu nutzen, so Franziskus, der in freier Rede ein Hölderlin-Zitat einfügt: „Die Hälfte von uns ist alt. Das Alter ist, so drücke ich es gern aus, Sitz des Wissens im Leben.“ Die Alten hätten die Weisheit, dass sie im Leben gegangen sind, wie der alte Simeon, die alte Hanna vom Tempel (vgl. Lk 2,21–40). „Schenken wir den Jungen diese Weisheit: schenken wir ihnen die Weisheit des Lebens, wie der gute Wein, der mit den Jahren immer besser wird. Mir kommt in den Sinn, was ein deutscher Dichter über das Alter sagte: Es ist ruhig, das Alter, und fromm (Anm. d. Autors: Friedrich Hölderlin: Meiner verehrungswürdigen Großmutter zum 72. Geburtstag): es ist die Zeit der Ruhe und des Gebetes. Und auch die Zeit, den Jungen diese Weisheit zu geben.“

BERGOGLIO UND
DAS KONZIL

1958: Jorge Mario Bergoglio ist Novize der Gesellschaft Jesu in Argentinien. Einige tausend Kilometer
weiter östlich wird Kardinal Angelo Giuseppe Roncalli
Papst. Vier Jahre später beruft dieser als Johannes
XXIII. zur Überraschung aller das Zweite Vatikanische Konzil ein. Der Student Bergoglio kümmert sich

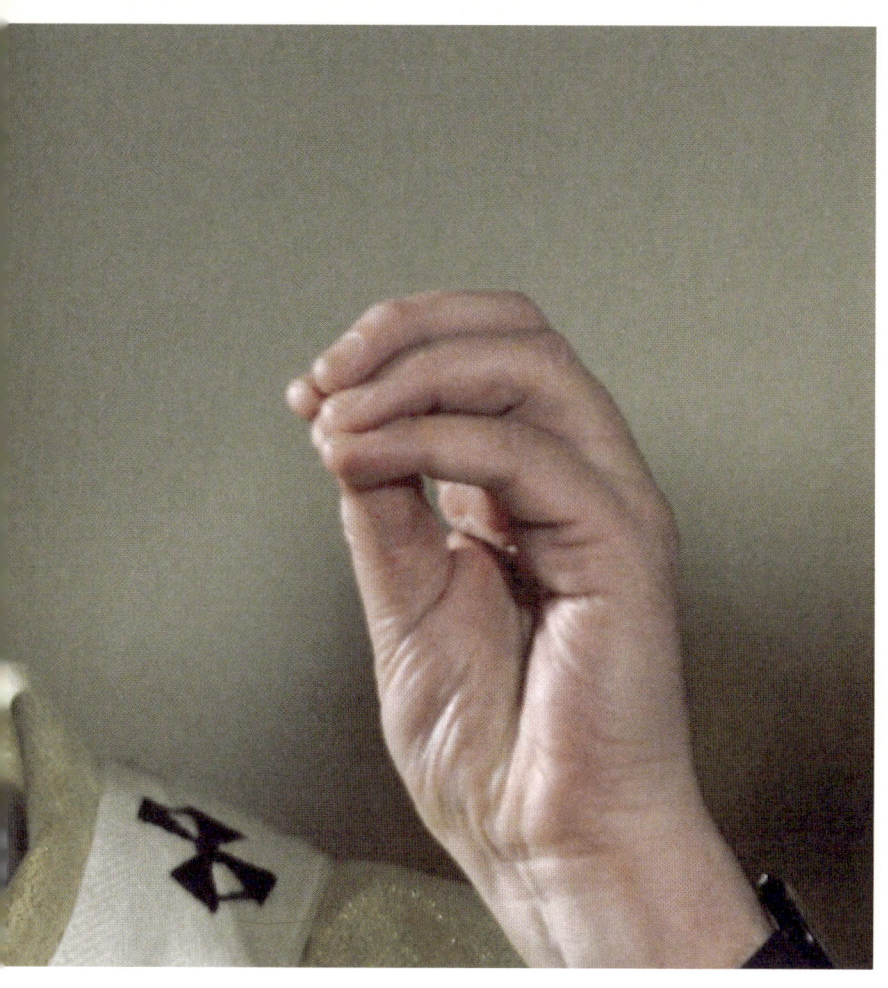

um Geisteswissenschaften, unterrichtet anschließend
Literatur und Psychologie. Seine Lieblingsautoren sind
Borges, Shakespeare und Dostojewski und vor allem
Hölderlin. Auch das Theologie-Studium fehlt natür-
lich nicht. Papst Franziskus ist aber der erste Papst seit
1965, der nicht selber am Zweiten Vatikanischen Konzil
teilgenommen hat. Johannes Paul I. und sein polnischer
Nachfolger Karol Wojtyła nahmen als Bischöfe, Josef
Ratzinger als Theologe am Konzil teil.

EINLADUNGEN
AN DEN PAPST

Es sind wenige Stunden nach seiner Wahl vergangen. Im Vatikan treffen bereits Anfragen von Regierungen und staatlichen Vertretern ein, die den neuen Pontifex in ihr Land einladen. „Ich sehe ihn nicht als einen Papst, der reist – tatsächlich tut er das nicht gern", sagt Eduardo García, der Weihbischof von Buenos Aires.

Vor allem aus dem Heiligen Land gibt es gleich mehrere Einladungen. So erklärt das Oberhaupt der Ka-
tholiken im Heiligen Land, der Lateinische Patriarch
Fouad Twal, die Region warte mit „Ungeduld" darauf,
Franziskus bald zu empfangen. Dem schließt sich
der griechisch-katholische Patriarch von Antiochien,
Gregorios III., an. Er wünsche sich, dass Franziskus
bald den Libanon, Syrien und Palästina besuche. Der
palästinensische Präsident, Mahmoud Abbas, lädt den
Papst zu einem Besuch in der Geburtsstadt Jesu nach
Bethlehem ein.

KENNER DER OSTKIRCHEN

Als junger Priester begegnet Jorge Mario Bergoglio
den Riten der Ostkirchen. Durch die Lektüre der
Kirchenväter und vor allem dank des Ukrainers Stepan
Czmil (1914–1978) lernt er die Spiritualität der byzantinischen Kirchen kennen. Czmil ist griechisch-katholisch
und wird zum Mentor Bergoglios. In Buenos Aires
zelebrieren sie zusammen im byzantinischen Ritus, so
wie es auch Orthodoxe in Osteuropa tun. Bergoglio
wird Beauftragter für die Gläubigen der katholischen
Ostkirchen, die in Argentinien über keine eigene Seel-
sorge verfügen. Lange Zeit ist er Referenzbischof für
die byzantinischen Ukrainer, bis dann 2009 ein junger
Mann aus Galizien (Ukraine) nach Argentinien ge-
schickt wird. Der aus der Westukraine stammende Swja-
toslaw Schewtschuk (1970) trifft sich oft mit Erzbischof
Bergoglio. Dem Ukrainer fällt sofort auf, wie „unglaub-
lich bescheiden" dieser Mensch ist. Die Predigten des
bisherigen Erzbischofs seien oft ziemlich kurz gewesen,
„manchmal nicht mehr als fünf oder sechs Sätze". Aber
Bergoglio habe sie mit „ganz tiefem Sinn" gefüllt und
den Gläubigen danach immer fünf bis sieben Minuten
zum stillen Nachdenken gegeben. Schewtschuk wird
2011 neues Oberhaupt der ukrainischen griechisch-
katholischen Kirche, einer der über 20 Ostkirchen, die
mit Rom verbunden sind und den Papst als ihr Oberhaupt anerkennen.

UMGANG MIT MEDIEN

Über 5600 Medienschaffende aus der ganzen Welt sind für das Konklave 2013 akkreditiert. Wenige Tage nach dem weißen Rauch, der von den Journalisten mit Spannung verfolgt wurde, trifft sich Papst Franziskus mit den Medienvertretern. Er dankt ihnen für ihre umfangreiche Berichterstattung während der Sedisvakanz und des Konklaves. „Ihr habt in dieser Zeit viel gearbeitet, oder?", fragt Papst Franziskus spontan. Er hebt die zunehmende Bedeutung der Medien in der globalen Welt hervor, um den Mitmenschen die aktuellen Geschehnisse mitzuteilen. Dabei sollten Medien stets auch drei Kriterien, „Wahrheit, Güte und Schönheit" im Auge behalten, so Franziskus. In dieser Hinsicht seien Medien und Kirche eng verbunden. Am Ende der Audienz verzichtet Papst Franziskus auf die Formel des Apostolischen Segens und sagt stattdessen auf Spanisch: „Da viele von euch nicht zur katholischen Kirche gehören und viele Nichtglaubende sind, gebe ich euch diesen Segen im Stillen, einem jeden von euch, in dem Wissen, dass jeder von euch ein Kind Gottes ist. Möge Gott euch segnen." Winkend verlässt er anschließend die Audienzhalle.

GEGEN KORRUPTION

Als Erzbischof von Buenos Aires ermahnt er die ökonomischen und vor allem politischen Eliten seines Landes wegen der verbreiteten Korruption und ihres verschwenderischen Lebensstils. Seine wenigen Worte haben im mehrheitlich katholischen Argentinien Gewicht. 2007: Beim Treffen lateinamerikanischer Bischöfe sagt er: „Die ungleiche Verteilung der Güter schafft eine Situation sozialer Sünde, die zum Himmel schreit – und so vielen Brüdern und Schwestern die Möglichkeit eines erfüllteren Lebens vorenthält." Wenige Wochen vor dem Konklave 2013 warnt er vor der „alltäglichen Übermacht des Geldes mit seinen teuflischen Folgen von Drogen und Korruption sowie dem Handel von Menschen und Kindern, zusammen mit dem materiellen und moralischen Elend". Unter dem Präsidium Bergoglios bei der argentinischen Bischofskonferenz kritisiert die Kirche in dem südamerikanischen Land mehrfach die geschönten Armutsstatistiken der argentinischen Regierung. „Ich möchte eine arme Kirche, die für die Armen da ist", sagt dann Papst Franziskus bei der Audienz für die Journalisten.

Seite 63: Einst in herzlicher Abneigung verbunden:
mit Argentiniens Präsidentin Cristina Fernández Kirchner

AUS ERBARMEN ERWÄHLT

Der Wappenspruch seines Bischofs- und seit 2003 Kardinalswappens lautet *Miserando atque eligendo* (Aus Erbarmen erwählt). Die Stelle ist einer Predigt Beda Venerabilis' (672–735) entnommen. Papstwappen enthalten allerdings keinen Wappenspruch. Bergoglio verfügt über kein historisches Wappen, das seiner Familie verliehen wurde. Sein Wappen entsteht mit der Erhebung zum Bischof und ist eine Neugestaltung. Darauf zu sehen ist ein blaues Schild, in der Mitte befindet sich das Siegel des Jesuitenordens. Es zeigt in einem goldenen, die Sonne darstellenden Strahlenkranz ein rotes Christusmonogramm IHS mit dem Kreuz über dem H (dem griechischen Buchstaben *Eta).* Die drei Nägel, mit denen Christus auf Golgota ans Kreuz geschlagen wurde, sind in Rot unter dem Monogramm zu finden. Sie stehen im Jesuitenorden für die allen Orden gemeinsamen Gelübde der Armut, des Gehorsams und der Keuschheit. Die Jesuiten legen noch ein viertes Gelübde ab, das sie ausdrücklich zur Papsttreue verpflichtet.

RESPEKT VOR
DER SCHÖPFUNG

Der heilige Franziskus war auch ein Freund der Tiere und der Umwelt. Bei der Audienz für Journalisten steht ein blinder TV-Mitarbeiter des italienischen Rundfunks RAI zusammen mit seinem Hund vor Papst Franziskus. Spontan lässt Papst Franziskus den Blindenhund „Asia" zu sich führen – und segnet ihn. Der stolze Hundebesitzer bringt vor Aufregung kein Wort heraus. In derselben Audienz sagt Papst Franziskus: Franz von Assisi habe sich auch dadurch hervorgetan, dass er sich für die Wahrung der Schöpfung eingesetzt habe. „Zur Zeit ist unser Verhältnis zur Schöpfung nicht sehr gut."

TRADITION TRIFFT
AUF MODERNE

Die Abläufe einer Papstwahl sind seit Jahrhunderten die gleichen. Und dennoch gibt es im Jahr des Herrn 2013 Neuerungen für die Kirche. Es gibt kein Ereignis der katholischen Kirche, das so viele Twitter-Nachrichten generiert, wie die Wahl von Jorge Mario Bergoglio. Sieben Millionen Tweets gehen zum Thema ein. Gleich nach der Verkündung des neuen

Papstes werden pro Minute 130.000 Nachrichten versandt – der Höchstwert des Abends. Die Nachricht vom Vatikan-Konto @pontifex, *„Habemus Papam Franciscum"*, wird 68.000 Mal retweetet.

DER BISCHOF ZU BESUCH

Ostern und Weihnachten in Buenos Aires: An den hohen christlichen Feiertagen besucht Bergoglio Krankenhäuser und Gefängnisse und wäscht Patienten und Insassen die Füße. Er setzt sich ein für HIV-Kranke und die Taufe unehelicher Kinder, was in einem katholischen Land wie Argentinien nicht selbstverständlich ist. Priester, die eine solche Taufe ablehnen, nennt er 2012 „heuchlerische Anhänger eines Neoklerikalismus". „Wenn wir rausgehen auf die Straße, dann können Unfälle passieren", sagt Bergoglio als Erzbischof von Buenos Aires. „Aber wenn sich die Kirche nicht öffnet, nicht rausgeht, und sich nur um sich selbst schert, wird sie alt. Wenn ich die Wahl habe zwischen einer Kirche, die sich beim Rausgehen auf die Straße Verletzungen zuzieht, und einer Kirche, die erkrankt, weil sie sich nur mit sich selbst beschäftigt, dann habe ich keine Zweifel: Ich würde die erste Option wählen."

DER GROSSE BRUDER

Maria Elena Bergoglio weint. Sie blickt auf den Fernsehbildschirm und sieht ihren großen Bruder auf der Mittelloggia des Petersdomes in Rom. Sie selber ist in Buenos Aires. Sie weiß: Ihr Bruder, der Kardinal, wollte eigentlich nicht Papst werden. „Er liebt Buenos Aires und er hat es immer genossen, in Buenos Aires zu sein", sagt sie am Tag darauf einigen Journalisten, die nun alles über ihre Familie wissen wollen. Dennoch findet

sie, dass das Gesicht ihres Bruders nach der Wahl zum Papst Zufriedenheit ausstrahlt. Nach Rom zu reisen, um den Bruder zu besuchen, der nun seltener in Argentinien sein wird, hat sie nicht vor. Aber auch bisher war es so, dass sie sich selten sahen, doch sie stehen in regelmäßigem telefonischen Kontakt.

FRANZISKUS
UND BENEDIKT

Es ist der 11. Februar 2013: Papst Benedikt XVI. gibt bekannt, dass er sein Petrusamt niederlegen werde. Einige Stunden später kommt die Nachricht auch in Buenos Aires an. Argentinische Journalisten wollen vom Erzbischof und wohl wichtigsten Kirchenmann ihres Landes eine Meinung dazu hören. „Was der Papst tat, ist eine revolutionäre Geste. Man spricht von einem konservativen Pontifex, doch in Wirklichkeit hat die Ankündigung Benedikts eine neue Seite in der Kirchengeschichte aufgeschlagen." Kardinal Bergoglio versucht, den Beschluss Benedikts zu verstehen. Sie schätzen sich gegenseitig sehr. „Ich glaube, er hat diesen Beschluss im Gebet gefasst und gezeigt, dass er sehr verantwortlich ist", sagt Bergoglio weiter. Damit habe Benedikt versucht, Fehler zu vermeiden, oder die Gefahr von Manipulation verhindern wollen. „Ein Papst ist ein Mensch, der seine Entscheide in der Gegenwart Gottes fällt." Bergoglio sagt über seinen Vorgänger: „Er ist ein Mann des Friedens, der die christlichen Prinzipien verteidigt, ohne dabei Menschen anzugreifen." Papst Benedikt ist ein Vorbild, so Bergoglio gegenüber der italienischen Agentur ANSA, denn Papst Benedikt habe sich für die Einheit eingesetzt. Das Pontifikat des deutschen Papstes sei von „großer Schönheit, Einfachheit und Tiefe" geprägt gewesen.

FRANZISKUS UND DIE DEUTSCHSPRACHIGEN KARDINÄLE

In Rom angekommen, beginnt Kardinal Bergoglio mit der Lektüre eines Buches über die Barmherzigkeit. Autor ist der deutsche Kardinal Walter Kasper, der selber am Konklave teilnehmen wird. Das Buch gefällt dem argentinischen Kardinal sehr. Bei seinem ersten Angelus auf dem Petersplatz, als er von diesem Buch erzählt, sagt Papst Franziskus: „Aber ihr müsst nicht denken, dass ich hier Werbung machen will für die Bücher meiner Kardinäle!" Es sind wenige Stunden vergangen seit der Wahl Bergoglios als Nachfolger Benedikts. Die deutschen Kardinäle treffen die Presse, um über das Konklave und vor allem über den neuen Papst zu sprechen. Der Kölner Kardinal Joachim Meisner und sein Mainzer Kollege Karl Lehmann zeigen sich am Abend der Papstwahl hoch zufrieden. Franziskus habe das Format für das Papstamt, sagt Meisner. „Er weiß die richtige Sprache zu sprechen", fügt Lehmann an. Jorge Mario Bergoglio sei nicht als Favorit ins Konklave gegangen. „Es hat sich aber im Gesprächsprozess gezeigt, dass er der Richtige ist", so Meisner. „Die Aufmerksamkeit für ihn ist in den ersten Tagen gewachsen", sagt Lehmann über Kardinal Bergoglio. „Es hat sich jenseits aller Spekulationen im Vorfeld im Konklave eine eigene Dynamik entfaltet. Es hat keine großen Diskussionen mehr gegeben", sagt der Berliner Kardinal Rainer Maria Woelki nach dem Konklave. „Wir haben kurz auf Deutsch miteinander gesprochen", sagt der Berliner Erzbischof. „Ich habe ihm gesagt: Sie sind eine große

Hoffnung der Welt, auch im Erzbistum Berlin, und ich verspreche Ihnen meine Unterstützung und Solidarität im Gebet. Er hat geantwortet: Ja, das bräuchte er sehr – vor allem das Gebet." Für den Wiener Kardinal Christoph Schönborn ist die Wahl Bergoglios zum Papst eine „positive Überraschung". „Papst Franziskus legt einen sehr starken Akzent auf die katholische Soziallehre", so Schönborn. Der österreichische Kirchenmann äußerte die Hoffnung, dass der neue Papst eine Aufräumarbeit an der Kurie leisten werde, nachdem im Jahr 2012 mit dem sogenannten Vatileaks-Skandal vertrauliche Dokumente aus dem Vatikan an Journalisten gelangten. Der Schweizer Kurienkardinal Kurt Koch, der 2013 erstmals an einem Konklave teilnimmt, hat Jorge Mario Bergoglio erst im Vorkonklave besser kennengelernt. Dort habe er ihn als „einfachen, demütigen und tiefgläubigen Menschen" erlebt. Koch erwartet nun, dass Papst Franziskus „die Schritte tut, die für die Zukunft der Kirche wichtig sind". Franziskus müsse seine eigene Linie finden – „ich lasse mich überraschen", so Koch, der im Vatikan für die Ökumene zuständig ist.

ANHANG

ZITATE

„Für mich bedeutet apostolischer Mut ein Säen, das Wort säen. Es jenem Mann oder jener Frau vermitteln, für die es gegeben ist. Ihnen die Schönheit des Evangeliums geben, das Staunen der Begegnung mit Jesus ... und zulassen, dass der Heilige Geist den Rest macht."

„Paradoxerweise wandelt man sich gerade dann, wenn man sich treu ist. Man bleibt nicht, wie die Traditionalisten oder die Fundamentalisten, dem Buchstaben treu. Treue ist immer Wandel, Aufkeimen, Wachstum. Der Herr bewirkt Veränderung in dem, der ihm treu ist. Das ist die katholische Glaubenslehre."

Zur Rolle der Laien: „Ihre Klerikalisierung ist ein Problem. Die Priester klerikalisieren die Laien, und die Laien bitten uns, klerikalisiert zu werden ... Eine sündige Komplizenschaft."

„Einer der ersten Kirchenväter schrieb, dass der Heilige Geist ipse harmonia est: Er selbst ist Harmonie. Er allein ist zugleich Urheber der Einheit und der Vielfalt. Der Geist allein bewirkt Verschiedenheit, Vielfalt, und gleichzeitig Einheit. Denn wenn wir es sind, die Verschiedenheit machen, kommt es zu Schismen, und wenn wir es sind, die die Einheit wollen, kommt es zur Uniformität und Gleichschaltung."

„Das Ausharren im Glauben impliziert das Hinausgehen.
Denn gerade dadurch, dass man im Herrn bleibt, geht man
aus sich selbst heraus. Paradoxerweise gerade dann, wenn
man bleibt, ändert man sich, weil man gläubig ist. Man
bleibt nicht gläubig, wenn man wie die Traditionalisten
oder die Fundamentalisten am Buchstaben klebt. Treue
ist immer Änderung, Aufkeimen, Wachstum. Der Herr be-
wirkt eine Änderung in dem, der ihm treu ist. Das ist die
katholische Glaubenslehre.“

„Das, was [Henri] De Lubac als ,spirituelle Mondanität‘
bezeichnete. Das ist die größte Gefahr für die Kirche, für uns,
die wir in der Kirche sind. … Spirituelle Mondanität ist,
wenn man sich selbst in den Mittelpunkt stellt. Es ist das, was
Jesus unter den Pharisäern erkennen kann: ,… Ihr, die ihr
euch selbst verherrlicht, die ihr einander selbst verherrlicht.‘“

(alle aus: Was ich beim Konsistorium gesagt hätte –
Interview mit der katholischen Zeitschrift
„30 Tage in Kirche und Welt“, 2007)

„Abtreibung ist nie eine Lösung. Wenn man von einer
schwangeren Mutter spricht, sprechen wir von zwei Leben:
Beide müssen geschützt und respektiert werden, weil das
Leben ein absoluter Wert ist.“

(nach der Tageszeitung „Il Fatto Quotidiano“,
13. März 2013)

„Hier wirkt der Neid des Teufels, durch den die Sünde in die Welt kam: ein Neid, der beharrlich das Ebenbild Gottes zu zerstören sucht – Mann und Frau, die den Auftrag erhalten, zu wachsen, sich zu mehren und sich die Erde untertan zu machen. Seien wir nicht naiv: Es geht nicht einfach um einen politischen Kampf, sondern um einen Versuch der Zerstörung des Planes Gottes."

(Brief zur Senatsabstimmung in Buenos Aires über ein Gesetz zur Legalisierung gleichgeschlechtlicher Ehen und der Adoption durch Homosexuelle, 15. Juli 2010)

„Die Berufung zum Hüten geht jedoch nicht nur uns Christen an; sie hat eine Dimension, die vorausgeht und die einfach menschlich ist, die alle betrifft. Sie besteht darin, die gesamte Schöpfung, die Schönheit der Schöpfung zu bewahren, wie uns im Buch Genesis gesagt wird und wie es uns der heilige Franziskus von Assisi gezeigt hat: Sie besteht darin, Achtung zu haben vor jedem Geschöpf Gottes und vor der Umwelt, in der wir leben. Die Menschen zu hüten, sich um alle zu kümmern, um jeden Einzelnen, mit Liebe, besonders um die Kinder, die alten Menschen, um die, welche schwächer sind und oft in unserem Herzen an den Rand gedrängt werden. Sie besteht darin, in der Familie aufeinander zu achten: Die Eheleute behüten sich gegenseitig, als Eltern kümmern sie sich dann um die Kinder, und mit der Zeit werden auch die Kinder zu Hütern ihrer Eltern. Sie besteht darin, die Freundschaften in Aufrichtigkeit zu leben; sie sind ein Einander-Behüten in Vertrautheit, gegenseitiger Achtung und im Guten. Im Grunde ist alles der Obhut des Menschen anvertraut, und das ist eine Verantwortung, die alle betrifft. Seid Hüter der Gaben Gottes! Und wenn der Mensch dieser Verantwortung nicht nachkommt, wenn wir uns nicht um die Schöpfung und um

die Mitmenschen kümmern, dann gewinnt die Zerstö-
rung Raum, und das Herz verdorrt. In jeder Epoche der
Geschichte gibt es leider solche ‚Herodes‘, die Pläne des
Todes schmieden, das Gesicht des Menschen zerstören und
entstellen.

Alle Verantwortungsträger auf wirtschaftlichem, politi-
schem und sozialem Gebiet, alle Männer und Frauen guten
Willens möchte ich herzlich bitten: Lasst uns ‚Hüter‘ der
Schöpfung, des in die Natur hineingelegten Planes Gottes
sein, Hüter des anderen, der Umwelt; lassen wir nicht zu,
dass Zeichen der Zerstörung und des Todes den Weg dieser
unserer Welt begleiten! Doch um zu ‚behüten‘, müssen wir
auch auf uns selber Acht geben! Erinnern wir uns daran,
dass Hass, Neid und Hochmut das Leben verunreinigen!
Hüten bedeutet also, über unsere Gefühle, über unser
Herz zu wachen, denn von dort gehen unsere guten und
bösen Absichten aus: die, welche aufbauen, und die, welche
zerstören! Wir dürfen keine Angst haben vor der Güte, ja,
nicht einmal vor der Zärtlichkeit!

Und hier füge ich noch eine letzte Anmerkung hinzu: Das
Sich-Kümmern, das Hüten verlangt Güte, es verlangt, mit
Zärtlichkeit gelebt zu werden. In den Evangelien erscheint
Josef als ein starker, mutiger, arbeitsamer Mann, aber in
seinem Innern zeigt sich eine große Zärtlichkeit, die nicht
etwa die Tugend des Schwachen ist, nein, im Gegenteil: Sie
deutet auf eine Seelenstärke hin und auf die Fähigkeit zu
Aufmerksamkeit, zu Mitleid, zu wahrer Öffnung für den
anderen, zu Liebe. Wir dürfen uns nicht fürchten vor Güte,
vor Zärtlichkeit!“

(aus der Predigt zur Amtseinführung, 19. März 2013)

Sein Grabspruch soll lauten: *„Jorge Bergoglio, Priester.“*

(aus der Biographie „El Jesuita“, 2010)

KURZBIOGRAPHIE

1936 Geboren ist Jorge Mario Bergoglio am 17. Dezember in Buenos Aires. Nach einer Ausbildung als Chemietechniker hat er sich für die Priesterlaufbahn entschieden.

1958 Am 11. März begann er ein Noviziat in der Gesellschaft Jesu.

1963 Nach humanistischen Studien in Chile und seiner Rückkehr nach Buenos Aires hat er einen Studienabschluss in Philosophie am Kollegium „San José" von San Miguel erlangt.

1964–1966 Professor für Literatur und Psychologie in Santa Fé und Buenos Aires.

1967–1970 Besuch am Kollegium „San José" der Fakultät für Theologie und erfolgreicher Studienabschluss. Am 13. Dezember 1969 hat er das Sakrament der Priesterweihe empfangen.

1973 Nach seinem Terziat, das er in Alcalá de Henares (Spanien) verbrachte, hat er am 22. April die ewigen Gelübde abgelegt. Er war für ein Jahr für die Ausbildung der Novizen zuständig (1972–73), am 31. Juli 1973 wurde er dann mit nur 37 Jahren zum Provinzial für Argentinien gewählt. In dieser Funktion leitete er für die folgenden sechs Jahre die Geschicke des Jesuitenordens in dem lateinamerikanischen Land.

1980–1986 Rektor des Kollegiums von San Miguel und Theologieprofessor der Fakultäten für Philosophie und Theologie. In der Pfarrei von San José (Diözese San Miguel) war er als Pfarrer tätig. Im März 1986 war er zu Studienzwecken im Zusammenhang mit seiner Doktorarbeit in Deutschland, anschließend war er in der Jesuitenkirche von Córdoba als spiritueller Direktor und Beichtvater tätig.

1992 Am 20. Mai ist Bergoglio durch Johannes Paul II. zum Weihbischof von Buenos Aires ernannt worden, seine Bischofsweihe hat er am 27. Juni durch Kardinal Antonio Quarracino, den Apostolischen Nuntius Ubaldo Calabresi und den Bischof von Mercedes-Luján, Emilio Ogñénovich, erhalten.

1997 Am 3. Juni wurde er – mit Sukzessionsrecht – zum Koadjutor des Erzbischofs von Buenos Aires ernannt, so dass er am 28. Februar 1998, nach dem Tod des Kardinals Quarracino, selbst zum Erzbischof erhoben wurde.

2001 Im Vatikan ist der Jesuit als Generalrelator der 10. Ordentlichen Bischofssynode im Oktober in Erscheinung getreten. Mit dem Konsistorium vom 21. Februar 2001 wurde er von Papst Johannes Paul II. in den Kardinalsstand

erhoben, seine Titelkirche ist San Roberto Bellarmino. Er ist Mitglied der Kongregationen für Gottesdienst und Sakramentenordnung, für den Klerus, sowie für die Institute geweihten Lebens und die Gesellschaften apostolischen Lebens. Außerdem ist er Mitglied des Päpstlichen Rates für die Familie und der Päpstlichen Kommission für Lateinamerika.

2005 Teilnahme am Konklave, bei dem Kardinal Josef Ratzinger Papst Benedikt XVI. wird.

2005–2011 Von November 2005 bis November 2011 war er Präsident der Argentinischen Bischofskonferenz.

13. März 2013 Kardinal Jorge Mario Bergoglio wird Papst Franziskus.

DANKSAGUNG

Es gibt viele Menschen, denen ich meinen Dank aussprechen möchte, doch zuerst und vor allen anderen möchte ich mich bei meiner Frau und meiner Tochter bedanken. Die Zeit des Konklaves war für uns als Familie sehr intensiv und aus verschiedenen Gründen schwierig. Mit diesem Werk möchte ich meiner Familie eine kleine Freude schenken.

Meine Kolleginnen und Kollegen bei Radio Vatikan standen mir in der Zeit der Papstwahl nahe. Sie waren für mich da, als neben der stressigen Arbeit auch noch andere unglückliche Momente vorkamen.
Dem Sankt Ulrich Verlag danke ich für das Vertrauen sowie für die wertvolle und spannende Zusammenarbeit. Ein besonderer Dank hierfür geht an Herrn Dr. Peter Paul Bornhausen.

Hinter einer gelungenen Arbeit stehen auch viele Freunde, die mithelfen, ein Projekt erfolgreich durchzuführen. Kari Kälin in der Schweiz danke ich für seine Unterstützung beim Verfassen des Textes sowie der Fotografin Jessica Krämer und den Kolleginnen und Kollegen von KNA-Bild in Bonn für die Hilfe bei der Bildauswahl.